# 중고 엄마, 제발 좀 사가세요!

한세경 글   이연정 그림

스토리i

"그만해!"

"남이야 뭘 하든 네가 무슨 상관인데!"

뒷자리에 앉은 성진이가 후후 웃었어요. 성진이는 아까부터 시후 의자를 발로 툭툭 찼어요. 그럴 때마다 시후 몸이 움찔움찔 떨렸고요.

"그만하라고 했잖아!"

더 참지 못한 시후가 자리에서 벌떡 일어섰어요. 반 아이들 시선이 시후에게 쏠렸어요.

"무슨 일이야?"

선생님이 시후 자리로 걸어왔어요.

"성진이가 아까부터 의자를 발로 툭툭 찼어요."

"아니에요, 선생님. 전 아무 짓도 안 했다고요."

성진이가 억울하다는 표정을 지었어요.

"그냥 움직이다가 시후 의자를 건드린 것뿐이에요."

"거짓말 하지 마!"

시후가 성진이를 노려보았어요.

"선생님, 시후는 원래 좀 예민해요."

"별 거 아닌 일로 화를 잘 내서 친구가 없어요. 1학년 때도 그랬어요."

성진이랑 친한 친구들이 성진이 편을 들었어요.

"그래, 시후가 좋은 말로 할 수도 있잖아. 고함을 치면 수업에 방해가 되겠지?"

선생님은 잘 알지도 못하면서 성진이 편을 들었어요.

'아무도 내 편을 들지 않아!'

시후는 수업시간 내내 기분이 좋지 않았어요.

"야, 강시!"

수업을 마치고 교문을 나설 때였어요.

"강시후!"

 하필이면 성진이가 시후 뒤를 따라 나왔어요.

"강시가 강시처럼 다녀야지! 이렇게 해봐!"

 성진이가 두 팔을 앞으로 들고 통통 뛰는 시늉을 했어요. 옆

에서 나란히 걷던 친구들도 성진이를 따라 했어요.

강시는 중국 귀신이래요. 밤이면 관 뚜껑을 열고 나와 사람을 잡아먹는대요.

'흥, 내가 쳐다 볼 줄 알고!'

시후는 마음속으로 콧방귀를 뀌었어요.

"강시가 내 말을 무시해?"

성진이가 씩씩거리며 고함을 질렀어요.

"야, 강시! 강시!"

그래도 시후는 걸음을 멈추지 않았어요.

"이게 정말 맛 좀 볼 테야?"

성진이가 으름장을 놓았어요. 시후는 아무 일도 없다는 듯 먼 산만 보고 걸었어요.

"지금 나를 무시하는 거지!"

성진이가 시후 앞을 가로막았어요. 친구들도 시후를 빙 둘러섰어요. 시후는 할 수 없이 자리에 멈춰 섰어요.

"중고품, 중고품 강시후!"

'중고품'은 시후가 제일 듣기 싫어하는 말이에요.

시후는 성진이를 쏘아봤어요. 주먹도 꽉 움켜쥐었어요.

5

"네 물건 중에 새 건 없지? 죄다 중고지?"

"1학년 때는 내가 버린 필통도 갖고 있더라."

"쟤 가방도 중고야. 가방 뒤쪽에 다른 애 이름 적힌 거 봤어."

나머지 친구들도 고자질하기 바빴어요.

"중고가 왜 나빠? 우리 엄마가 다 쓸 수 있는 거라고 했어."

시후가 대꾸했어요.

"얼마나 돈이 없으면 중고만 갖고 다니냐고! 쯧쯧!"

성진이가 팔짱을 끼며 혀를 찼어요.

옆에 서있던 친구들도 성진이를 따라 했어요.

"우리 엄마는 신상만 사주거든. 중고만 사주는 네 엄마랑 다르다고!"

시후는 잘난 척 으스대는 성진이를 때려주고 싶었어요.

분노를 재는 온도계가 있다면 90은 거뜬히 올라갈 거라는 생각을 했어요.

"어떻게 네가 미루랑 짝이 됐는지 몰라. 미루는 나랑 짝이 되어야 하는데. 애들아, 그렇지 않냐?"

성진이가 갑자기 미루 얘기를 꺼냈어요.

"맞아. 우리 반에서 제일 똑똑하고 멋진 성진이가 짱이지!"

성진이만 졸졸 따라다니는 찬우가 엄지척을 했어요.

"예쁜 미루랑 어울리는 짝은 성진이 밖에 없어."

지석이도 알랑방귀를 꼈어요.

"왜 나한테 그래? 선생님한테 짝 바꿔달라고 그래라."

"네가 선생님한테 말하라고. 미루랑 같이 앉기 싫다고!"

"내가 왜?"

시후는 앞을 가로막고 선 아이들 틈새로 빠져 나왔어요.

성진이가 뒤에서 악을 썼어요. 정말 미루랑 짝이 되고 싶은가
봐요. 그럴 만도 하지요. 우리 반에서 미루를 싫어하는 아이는
아무도 없을 거예요.

2학년이 시작되는 첫 날이었어요.

선생님은 미루를 데리고 교실로 들어섰어요. 아이들은 새 담임
선생님보다 미루에게 관심이 더 많았어요.

아이들 모두 미루만 쳐다보고 있었거든요.

미루는 만화 속 주인공 같았어요.

봄꽃처럼 고운 분홍 외투, 찰랑거리는 긴 머리카락, 입가에 살짝 머문 수줍은 미소. 뽀얀 얼굴에 까맣고 큰 눈동자.

미루에게는 빛이 났어요.

선생님은 미루가 전학을 왔다고 소개했어요.

처음 엄마가 사 온 중고품은 시후 책상이었어요.

1학년 입학식을 며칠 앞둔 날이었어요. 엄마는 혼자서 끙차끙차 책상을 힘들게 옮겼어요.

"이것 봐. 중고가 어쩜 이렇게 깔끔하니? 완전 새 거야, 새 거!"

엄마는 새 세상을 발견한 사람처럼 들떠있었어요.

시후도 책상이 마음에 들었어요.

연두색이 중간 중간 섞여 있는 책상은 산뜻했어요. 책상 위에 유리를 올려놓고 사용했기 때문인지 흠집 하나 없었어요.

그 뒤로 엄마는 중고마켓앱이 깔린 휴대폰을 수시로 들여다봤
어요.

어떤 날은 필통을, 그 다음날은 색연필과 크레파스를, 플라스
틱 학용품 정리함을 사들고 오기도 했어요. 사용한 흔적이 있
긴 했지만 다 쓸 만했어요.

1학년 생활이 익숙해진 어느 날이었어요.

같은 반 지석이가 시후 자리를 지나가다가 소리쳤어요.

"어, 엄마가 틀림없이 버렸다고 했는데……. 이게 왜 여기 있어?"

지석이가 시후 필통을 들어 앞뒤로 살펴보았어요.

"이리 내. 우리 엄마가 사 준거야."

시후가 필통을 뺏으려고 손을 내밀었어요.

"여기 봐. 내가 긁어놓은 자국이 있잖아."

지석이는 필통을 열어 칼로 긁은 자국을 보여줬어요.

"긁힌 자국이 있다고 다 네 거야?"

"내 건 내가 안다고! 새 필통 사고 싶어서 일부러 긁었다고!"

지석이 목소리가 점점 커졌어요.

"지석이 필통이 맞나본데."

"이름도 없는데 지석이 필통인지 어떻게 알아."

아이들은 두 편으로 나뉘어 제각기 편을 들었어요

그때, 수업 시간 종이 울렸어요.

"암튼, 이건 내 거였어. 버려놓은 걸 주워갔나?"

지석이가 자리로 돌아가면서 혀를 낼름 내밀었어요.

시후는 너무 속상해서 울고 싶었어요.

"남이 쓰던 걸 어떻게 쓰니? 찜찜하지도 않나?"

아이들이 수군댔어요.

그 뒤로 친구들은 시후를 '중고품'이라고 불렀어요. 자기네들
은 '신상품'이라 중고랑 놀면 안 된다고 했어요. 시후랑 친구가
되고 싶어 하던 아이들도 다른 친구들 눈치를 보느라 가까이
오지 못했어요.

"다시는 중고 학용품 안 가지고 갈 거예요. 친구들이……. 아무튼 이젠 중고품 안 쓸 거라고요!"

집으로 돌아온 시후는 엄마에게 엄포를 놓았어요. 시후 표정을 본 엄마는 고개만 끄덕였고요.

한동안 뜸하던 엄마가 다시 중고바람이 든 건 지난 2월이었어요.

시후는 새 학년 준비로 설렜어요.

'2학년 때는 꼭 새 친구 사귈 거야.'

혼자였던 학교생활은 너무 힘들었어요.

"절대 중고 가방 안 들 거예요. 새 가방 사와야 해요!"

시후는 마트로 나가는 엄마에게 당부했어요. 엄마는 가까운 마트에서 시간제로 일을 하고 있었어요.

"알았다고. 한번 더 들으면 백번이다!"

그렇게 대답했던 엄마는 그날 저녁, 또 중고 책가방을 내밀었어요.

"내가 거지예요? 왜 만날 중고만 사들고 오냐고요!"

시후는 얼굴까지 빨개져서 소리쳤어요.

"거지라니, 그게 무슨 소리야? 중고가 어때서 그래? 쓸 수 있

는 걸 버리는 건 자원 낭비야."

시후는 씩씩거리며 홱 돌아앉았어요.

"이것 봐. 이거 완전 새 거야. 같은 가방이 두 개라서 중고마켓에 올렸다더라."

엄마는 시후 눈치를 보며 말했어요.

"엄마가 뭐 구걸을 해서 얻어온 것도 아니잖아. 팔려고 내놓은 거 돈 주고 사 온 거라고."

엄마는 누이 좋고 매부 좋은 일을 그만 둘 이유가 없다고도 했어요.

"군말 없이 잘 쓰더니 지난번부터 왜 그래? 무슨 일 있었어?"

엄마가 물었지만 시후는 사실대로 말할 수는 없었어요.

엄마 때문에 놀림을 당하고, 또 엄마 때문에 친구가 없다는 말은 하고 싶지 않았어요. 그런 사실을 모르는 엄마는 시후가 돌아앉은 쪽으로 가방을 슬쩍 내밀었어요.

"그럼 이렇게 멀쩡한 가방을 버릴까? 살펴보기나 해."

"저리 치우라고요!"

시후는 가방을 발로 차버렸어요.

가방이 거실 한구석에 처박혔어요.

"너, 너 왜 이래?"

엄마가 당황한 얼굴로 물었어요. 시후는 지금껏 이런 행동을 한 적이 없었거든요.

"이젠 중고 학용품 안 사준다고 그랬었잖아. 엉엉엉!"

기어이 시후 눈에서 눈물이 떨어졌어요.

"중고라고 나쁜 게 아니야. 작년에 한번 입고 작아진 네 옷도 중고마켓에서 팔았어. 그 옷 입은 아이가 찝찝해한다면 네 기분은 어떨 것 같아?"

"키가 커져서 못 입은 옷인데, 찝찝하긴 왜 찝찝해요? 고마워해야지."

그렁그렁 눈물을 매단 시후가 대꾸했어요.

"그렇지? 네가 사용하는 학용품들도 다 그런 거야. 낡아서 못 쓰는 것들이 아니란 말이야."

"그래도 새 거 갖고 싶다고요."

"흠……."

엄마는 말없이 탁자 위에 놓인 액자를 바라봤어요.

사진 속에서 아빠, 엄마, 시후가 알록달록 튤립마차를 타고 활짝 웃고 있었어요. 시후의 여섯 번째 생일날, 놀이공원에서 찍은 사진이었어요. 아빠가 사고로 돌아가시기 전에 찍은 마지막 가족사진이에요.

"휴!"

엄마는 한숨만 남겨놓고 방으로 들어가 버렸어요.

시후는 아빠와 함께 놀이기구를 타던 장면이 떠올랐어요. 서럽다는 생각이 들었어요. 시후가 눈을 깜빡일 때마다 눈물이 투두둑 떨어졌어요.

'시후야, 엄마 말씀 잘 들어. 아빠대신 많이 도와드리고.'

사진 속 아빠가 말하는 것 같았어요.

시후는 손등으로 눈물을 훔쳐냈어요. 눈을 내리깔고 가방을 넘겨봤어요. 엄마 말처럼 새 가방 같았어요. 시후가 좋아하는 로봇그림도 찍혀 있었고요.

"이번만이에요. 앞으로는 절대 중고 안 쓸 거야!"

"그래, 알았어."

엄마가 대답했어요.

방문 너머로 꼬맹맹이 소리가 섞여 나왔어요.

"정말 이번만이라고요!"

시후는 몇 번이나 다짐을 받았어요.

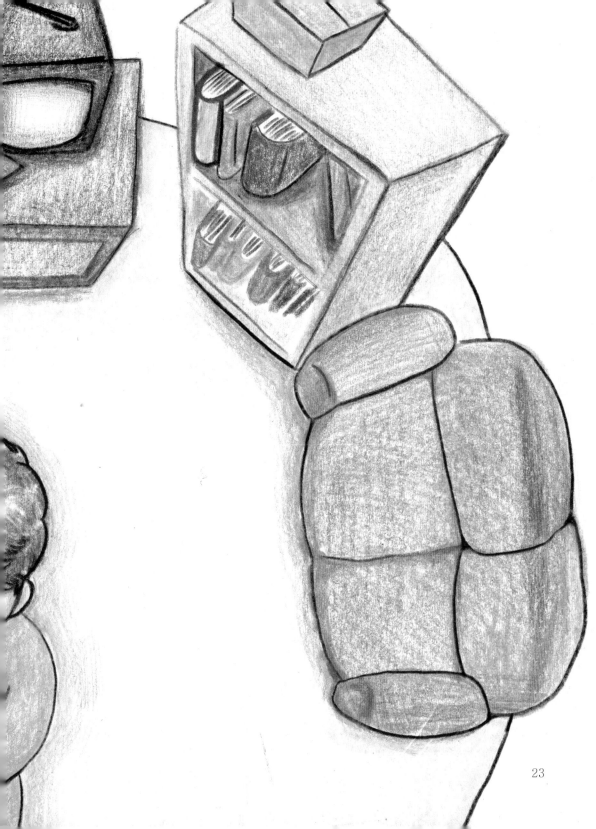

"시후야, 이거!"

점심시간이었어요.

급식을 마친 미루가 시후에게 분홍빛 봉투를 내밀었어요.

시후는 영문을 몰라 멀뚱히 봉투를 바라보고 있었지요.

"읽어 봐!"

미루는 복도에서 기다리는 친구들에게로 달려갔어요.

시후는 자리에 앉아 봉투를 열었어요. 장미꽃 그림이 그려진 초대장이 나왔어요.

초 대 장

시후야 내 생일
잔치에 너를 초대
하고싶어 이번주
토요일 이야. 11시에
학교 교문 앞에서
만나자. 데리러
올게. 미루가.

시후는 절로 입꼬리가 올라갔어요.

'미루가 나를!'

미어져 나오는 웃음을 참을 수가 없었어요. 입학한 이후로 처음 있는 일이었어요. 그것도 미루의 생일초대였어요.

시후는 오후 수업을 어떻게 했는지 기억도 나지 않았어요.

집으로 돌아온 시후는 행복한 고민에 빠졌어요.

"어떤 선물을 준비할까? 미루가 뭘 좋아하지?"

미루가 좋아하는 선물을 알아내는 일은 어려운 수학 문제를

푸는 것만큼이나 힘들었어요.

"이틀 밖에 안 남았는데……."

내일은 생일선물을 준비해야 해요.

"엄마, 부탁이 있어요."

거실에서 숙제를 하던 시후가 말했어요.

엄마는 한쪽에 세워둔 재봉틀 탁자를 흐뭇한 표정으로 바
라보고 있었어요. 못 보던 탁자였어요.

"시후야, 이 탁자 멋스럽지?"

"또 중고로 산 거야?"

엄마가 고개를 끄덕였어요.

"우리 집엔 온통 중고뿐이야. 중고 TV, 중고 식탁, 중고 의자,
중고 전화기……. 너무 많아서 다 말할 수도 없어요."

"다음에 다 쓸 데가 있어."

엄마가 빙긋이 웃었어요.

"참, 좀 전에 뭐라 그랬어?"

시후는 미루 생일선물을 부탁했어요.

"꼭 제가 말한 걸로 준비해 주세요."

"모처럼 우리 아들이 생일 초대를 받았는데 엄마가 멋진 걸로 준비해 줘야지. 걱정 붙들어 매세요!"

엄마는 자신 있게 대답했어요.

"중고는 안 돼요!"

"네, 네 알겠습니다요."

시후는 조금 불안했지만 엄마를 믿기로 했어요.

드디어, 토요일이 되었어요.

엄마는 진회색 자켓을 내밀었어요.

"우와, 우리 시후 꼬마 신사가 되었네. 정말 멋지다!"

엄마가 시후를 보며 짝짝 손뼉을 쳤어요.

거울에 비친 시후는 자기가 봐도 멋져 보였어요.

엄마가 준비해 준 분홍 종이가방도 예뻤고요.

시후는 학교로 가는 길에 가게 유리문에 자기 모습을 슬쩍슬쩍 비춰 봤어요. 자꾸 웃음이 나왔어요.

신이 난 시후는 한달음에 교문 앞까지 달려 왔어요. 미루는 보이지 않았어요.

'내가 먼저 왔나 본데.'

시후가 주변을 두리번거리는데 누군가가 시후 등을 탁 쳤어요.

"네가 여기 웬일이냐? 설마 너도?"

성진이었어요.

성진이가 어이없다는 표정을 지었어요. 성진이 뒤로는 서 너 명의 친구들이 걸어오고 있었어요.

손가락으로 시후를 가리키며 뭐라고 떠들어댔어요.

'나만 초대한 게 아니구나…….'

시후는 몹시 실망스러웠어요.

"이 옷도 중고 아니냐? 온갖 멋은 다 내고 왔네!"

성진이가 시후를 아래 위로 훑어보며 빈정거렸어요.

"미루는 얘를 왜 불렀을까?"

"그러게. 신상 노는데 중고가 웬 말이야?"

지석이도 시후를 아니꼽다는 듯 흘겨 보았어요.

그때, 교문 앞에 승합차 한 대가 멈춰 섰어요.

"얘들아, 어서 타!"

자동차 문이 열리고 미루가 빨리 오라며 손짓했어요.

"어서 가자!"

성진이가 먼저 달려갔어요.

시후는 갈까 말까 망설였어요. 친구들 때문에 기분이 상한 뒤였어요.

"시후야, 어서 와!"

미루가 시후를 보며 웃었어요. 그래도 시후는 걸음을 떼지 않았어요.

"그냥 가자. 가기 싫은가 본데."

성진이가 가자고 재촉하는 소리가 들렸어요.

"시후야!"

미루가 달려왔어요. 그리고는 머뭇거리는 시후에게 귓속말을 했어요. 시후의 눈꺼풀이 살짝 떨렸어요.

"같이 가! 어서!"

미루가 시후 손을 잡아끌었어요. 시후는 못 이기는 척 따라 나섰지요. 미루 집에는 여자 아이들이 먼저 와 있었어요. 여자 아이들은 말쑥한 차림의 시후를 보고 놀란 표정을 지었어요.

시후는 좀 쑥스러웠어요.

거실은 꽤 넓었어요. 10명의 친구가 앉았는데도 충분했어요. 생일 축하 문구가 거실 한쪽에 걸려 있었어요. 거실에 놓인 아기자기한 장식품들이 미루처럼 예뻤어요.

"치킨, 떡볶이, 치즈 케잌, 망고. 와, 없는 게 없어! 맛있겠다!"

찬우가 호들갑을 떨었어요.

"너는 생일상 처음 보냐? 좀 얌전히 있어라."

성진이가 퉁을 주었어요.

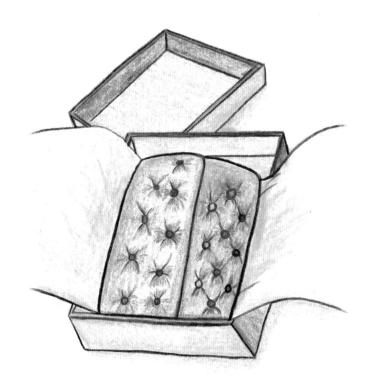

찬우가 머쓱해져서 입술을 우물거렸어요.

알록달록 10개의 촛불이 케익에 꽂혔어요. 미루가 촛불을
껐어요. 친구들이 웃으며 손뼉을 쳤어요.

"다들 선물 준비한 거 꺼내봐."

성진이가 나섰어요.

"비싼 가죽지갑이야. 엄마가 백화점에서 사 온 거야."

"고마워."

미루는 성진이가 내민 종이가방을 받아들었어요.

백화점 로고가 큼직하게 찍혀 있었어요.

"어서 펼쳐봐!"

네모난 상자에 하늘색 가죽지갑이 들어 있었어요. 알록달록 큐빅들도 박혀 있었고요.

"예쁘다!"

"엄청 비싸 보이는데!"

여자 아이들이 부러운 눈으로 쳐다보았어요. 성진이가 거보란 듯 우쭐거렸어요. 대부분 친구들은 학용품을 준비해 왔어요. 학용품이 제일 쓰임이 많다며 미루가 좋아했어요.

마지막으로 시후 차례가 되었어요. 시후는 말없이 종이가방을 내밀었어요.

"고마워, 시후야!"

미루가 선물상자에 묶인 리본을 풀었어요.

'설마 중고? 엄마가 포장하기 전에 확인해 볼걸.'

시후는 왠지 마음이 조마조마했어요.

"우와, 너무 마음에 들어! 내가 제일 좋아하는 분홍색!"

미루는 분홍 손가방을 손에 들고 웃었어요.

앞면에는 보라색 꽃이 잔잔하게 수놓아진 예쁜 가방이었어요.

미루는 가방을 앞뒤로 돌려보다 가슴에 꼭 껴안았어요.

시후는 그제야 안도의 한숨을 내쉬었어요.

"긴 끈도 있어. 미루야, 어깨에 매봐!"

누군가가 말했어요.

미루가 고개를 끄덕이더니 가방을 어깨에 둘렀어요.

"어때? 괜찮니?"

미루가 빙그르르 한 바퀴 돌았어요.

그때, 뚝하고 한쪽 어깨끈이 떨어져 내렸어요.

"어, 어떡해. 고리가 빠졌어."

미루가 울상을 지었어요.

"시후 넌, 선물도 중고로 사왔냐?"

"그러게, 신상 노는데 중고가 끼면 안 된다니까!"

성진이가 꼬투리를 잡았다는 듯이 입을 열었고, 성진이 눈치만 보던 찬우가 신이 나서 떠들었어요.

"무슨 말을 그렇게 하니? 내가 세게 잡아당겨서 그런 거야."

미루가 찬우에게 눈을 흘겼어요.

시후는 귓불이 뜨거워졌어요.

"누가 봐도 가방이 문제였어. 그렇지 않냐?"

성진이는 묘한 웃음을 지으며 친구들을 둘러봤어요. 친구들이 고개를 끄덕였어요.

"고리는 끼우면 돼! 아무 문제없어!"

미루는 시후에게 걱정 말라는 눈짓을 해보였어요.

"미, 미루야, 나 먼저 갈게."

시후는 잠시도 더 있고 싶지 않았어요.

"그러지 마. 같이 케익 먹자."

미루가 붙잡았지만 시후는 뒤도 돌아보지 않았어요.

"왜 이렇게 일찍 왔어?"

엄마가 문을 박차고 들어온 시후를 보며 말했어요.

시후는 신발을 아무렇게나 벗어던졌어요.

"중고는 안 된다고 그랬는데……."

"그게 무슨 소리야?"

엄마가 되물었어요.

"됐어요!"

"무슨 일 있었어? 왜 성질을 부리고 그래?"

시후는 방으로 들어와 문을 쾅 닫았어요.

'아빠 때문이야…….'

책상에 엎드린 시후 눈에서 눈물이 또르르 굴러 떨어졌어
요.

엄마가 중고에 매달리게 된 것도, 중고 때문에 친구들에게 무
시를 당하는 것도 다 아빠 탓인 것만 같았어요.

'아빠, 아빠…….'

그런데도 시후는 아빠가 보고 싶었어요. 머리를 헝클어뜨리
며 장난을 걸던 아빠 손길이 그리웠어요.

"시후야, 점심 차려놨어. 오늘은 오후 근무라 지금 나가야 돼."

엄마가 현관문을 닫고 나가는 소리가 들렸어요.

시후는 콧물을 훌쩍이며 거실로 나왔어요.

시후가 미루 집에 간 사이, 엄마는 또 중고품을 사다놓았어요. 키 큰 스탠드가 거실 서랍장 옆에 서 있었어요.

'뭐가 바빠서 휴대폰도 두고 나갔담.'

서랍장 위에는 엄마 휴대폰이 올려져 있었어요. 서둘러 나가느라 두고 간 것 같았어요.

"중고 학용품, 중고 신발, 중고 휴대폰, 중고 가구들. 중고, 중고, 중고 엄마!!!"

시후는 큰 소리로 외쳤어요. 목에 핏대가 올랐어요.

"중고마켓앱을 지워 버려야해!"

시후는 마침 잘 됐다는 생각을 했어요.

엄마 휴대폰의 액정 화면을 살펴봤어요. 바탕화면에서 중고마켓앱을 찾았어요.

"여기 있다!"

시후는 손가락으로 중고마켓앱 아이콘을 길게 눌렀어요.

아이콘을 휴지통으로 끌고 가던 시후는 동작을 멈췄어요.

"중고 엄마? 중고 엄마!"

시후는 중고마켓앱 아이콘을 더블클릭했어요. 많은 물건들이 올라와 있었어요.

옷, 침대, 이불, 신발, 냉장고, 학용품, 장식품. 정말 없는 게 없었어요. 그 중에 물건 하나를 클릭해 보았어요.

제목 적는 칸에 물건 이름, 가격이 나와 있었어요. 다음 칸에는 그 물건의 좋은 점, 얼마나 사용했는지, 어디에 문제가 있는지가 자세하게 적혀 있었어요.

엄마는 이미 로그인을 해놓은 상태였어요.

시후는 '글쓰기' 버튼을 눌렀어요.


제목 : 중고 엄마, 제발 좀 사가세요!

가격 : 1,000원

좋은 점 : 학교 갈 때, 집에 올 때 나를 반겨줘요,

　　　　간식을 잘 챙겨줘요, 성격이 좋아요,

　　　　잘 웃어요, 집안일을 잘 해요,

　　　　공부하라고 윽박지르지 않아요,

나쁜 점 : 절약 대마왕이에요, 그래서 많이 피곤해요,

중고를 너무 좋아해요,

나 빼고 전부 중고품이에요, 정말 힘들어요,

글제목 　중고 엄마, 제발 좀 사가세요!

가격 : 1,000원

좋은 점 : 학교 갈 때, 집에 올 때

나를 반겨줘요, 간식을 잘 챙겨줘요,

성격이 좋아요, 잘 웃어요,

집안일을 잘 해요,

시후는 내용을 다시 읽어봤어요.

"공부하라고 윽박지르지 않고, 잘 웃고, 집안일 잘 하고, 나를 반겨주고……."

글을 써놓고 보니 제법 좋은 엄마 같기도 했어요.

"아니야, 아니야. 엄마 때문에 난 친구도 없어. 매일 놀림만 당하고!"

시후는 고개를 흔들었어요. 약해지려는 마음을 다잡았어요.

시후는 크게 심호흡을 했어요. '글 올리기' 버튼을 누르는데 기분이 이상했어요. 가슴이 찌릿거리고 목구멍으로 바람이 빠져나오는 것 같았어요.

"언제 연락이 올까? 누가 엄마를 사겠다고 할까?"

시후는 수시로 휴대폰을 들여다봤어요.

밥을 먹다가도 들여다보고, 화장실에서 나오면서도 휴대폰을 살폈어요. 잠잠했어요.

'엄마가 퇴근하기 전에 연락이 와야 하는데.'

시후는 초조해졌어요. 엄마가 와서 시후가 올린 글을 본다면 난리가 날 게 뻔했어요.

이런저런 걱정을 하는데 휴대폰이 울렸어요. 시후는 깜짝 놀라 액정을 쳐다봤어요. 엄마한테서 온 전화였어요.

"회식이 있어서 조금 늦을 거야. 문 잘 잠그고 있어. 잠 오면 먼저 자고."

시후는 대꾸도 하지 않고 전화를 끊었어요.

'휴, 다행이다!'

시후는 한시름 놓았다 싶었어요. 휴대폰을 거실 바닥에 놓고 숙제를 하고 있을 때였어요.

"띵!"

휴대폰에서 알림음이 울렸어요.

시후는 재빨리 휴대폰을 손에 들었어요.

'제가 살게요.'

중고마켓앱 대화창이 열렸어요. 상대편 아이디는 '찐맘'이었어요.

"얏호!"

시후는 쾌재를 불렀어요.

"네, 좋아요. 언제 사실건가요?"

# 얏호!

## 언제 사실건가요?

시후가 대화창에 글을 남겼어요. 엄마 아이디 '희망이' 옆에 시후가 쓴 글이 나타났어요.

"잠깐만요."

상대편이 기다려 달라는 메시지를 보냈어요.

시후는 두근대는 가슴을 진정시키려고 물을 한 모금 마셨어요. 부엌에 갔다 오는 사이, 답이 와 있나 확인해 봤어요. 아직 아무 내용도 떠 있지 않았어요. 남은 숙제를 하는 동안까지 감감 무소식이었어요.

"혹시 장난하는 거 아닐까?"

팔겠다하고 약속장소에 나오지 않거나, 사겠다하고 연락을 끊는 사람들이 많다고 하소연하던 엄마의 말이 떠올랐어요.

"장난이면 어쩌지?"

걱정하고 있는데 다시 알림음이 울렸어요. 본격적인 대화가 시작되었어요.

"일요일 아침에 갈게요. 1,000원 맞죠?"

"맞아요."

"어디로 갈까요?"

"사직동 주민센터 옆 한나빌라예요."

"잘 알아요. 우리 동네네요."

"빌라 입구에서 10시에 만나요."

"네."

혹시 나오지 않을지도 모른다는 생각이 들었어요. 그래서 확인 메시지를 또 보냈어요.

"꼭 약속 지키세요."

"알겠어요."

대화창이 닫혔어요.

시후는 얼른 대화 내용을 지웠어요. 엄마가 보면 안 되니까요. 시후는 중고 엄마가 팔리고 난 뒤의 일들을 생각해 봤어요.

'외할머니께 연락해서 도와 달라고 하면 돼. 이모도 있잖아.'

이제 중고 엄마는 팔려갈 일만 남은 거예요.

일요일이 되었어요.

시후는 아침부터 엄마 눈치를 살폈어요. 아무 것도 모르는 엄마는 기분이 좋아 보였어요.

아침 준비를 하던 엄마는 콧노래까지 흥얼거렸어요.

"곧 좋은 일이 있을 것 같아."

"무슨 좋은 일이요?"

시후가 시큰둥하게 물었어요.

"지금은 몰라도 돼. 비밀!"

엄마가 달걀부침을 시후 앞으로 당겨주었어요.

시후는 마음이 편치 않았어요.

"오늘은 언제 나가요?"

시후가 넌지시 물었어요.

"오전에는 집안일 좀 하고 오후에 나갈 거야."

오전 10시에 거래하기로 했으니 시간은 충분했어요.

'엄마가 가지 않겠다고 떼를 쓰면 어떡하지?'

그러면 큰일이라는 생각이 들었어요.

'억지로 떠밀어내고
문을 잠궈 버려야지.'

중고 엄마

중고 엄마

중고 엄마

중고 엄마

시후는 마음을 단단히 먹었어요.

"무슨 생각을 그렇게 하니? 좋아하는 달걀부침엔 손도 안 대고."

엄마가 이상하다는 표정으로 고개를 갸우뚱했어요.

시후는 아침을 먹는 둥 마는 둥 했어요. 자꾸 시계에 눈길이 갔어요.

'9시 50분이야!'

"요 앞 놀이터에 갔다 올게요."

시후는 신발을 신으며 말했어요.

"그래. 집에만 있지 말고 나가서 운동이나 좀 하고 와!"

거실바닥을 닦던 엄마가 걸레질을 멈추고 미소 지었어요.

'엄마, 미안해요. 하지만 어쩔 수 없어요.'

시후는 문을 닫기 전에 엄마를 한번 더 돌아보았어요.

빌라 입구에는 아무도 없었어요.

시후는 빌라 맞은 편 상가 1층으로 들어갔어요.

"여기서 기다려야겠다."

시후는 상가 입구에서 엄마를 사갈 사람이 누구인지 지켜보기로

했어요. 일요일이라 그런지 오가는 사람이 없었어요.

상가에 걸린 시계가 정확히 10시를 가리켰어요.

"약속 어기지 말라고 그랬는데……."

15분이 지났는데도 빌라 앞에는 비둘기 한 마리 얼씬거리지 않았어요.

"안 올 건가봐. 그래, 중고 엄마를 사서 뭘 하겠어? 나도 싫다고 팔려는 엄마를."

시후는 한숨을 내쉬었어요.

"잘된 일인지도 몰라. 중고마켓에 팔려고 했다는 걸 알면……."

시후는 부르르 몸을 떨었어요. 화난 엄마 얼굴이 떠올랐기 때문이에요.

시후가 상가 입구 문을 밀치고 나올 때였어요.

야구 모자를 푹 눌러쓴 아이가 저쪽에서 걸어오고 있었어요. 아이는 빌라 앞에 서더니 빌라 이름을 먼저 확인했어요. 그러고는 입구를 기웃거렸어요.

아이가 하는 양을 지켜보던 시후는 고개를 갸웃거렸어요. 어디서 많이 본 얼굴이었어요. 모자 아래로 보이는 얼굴은 다름 아닌 성진이었어요.

'쟤가 왜? 설마?'

시후는 다시 상가로 들어갔어요.

'중고 엄마를 사러 온 게 아닐지도 몰라.'

좀 더 지켜보기로 했어요. 성진이는 계단을 올라갔다 내려오더니 고개를 돌려 빌라 이름을 또 확인했어요.

다시 5분이 지났어요. 성진이는 고개를 푹 숙이고 신발코를 땅에 콕콕 찧었어요. 불안한 모양이었어요.

"최성진!"

"어, 어⋯⋯. 강시후."

시후를 본 성진이는 당황한 얼굴이 되었어요.

"뭘 그렇게 보고 서 있냐? 지나가던 길이면 빨리 가라!"

한 나빌라

"여기 우리 집인데?"

"그, 그, 그래?"

성진이는 말까지 더듬었어요.

"최성진, 너 혹시……. 찐맘?"

시후가 중고마켓 아이디를 물었어요.

"설마, 넌 희망이?"

성진이는 눈이 휘둥그레졌어요. 시후가 입을 떡 벌렸어요.

"저기 놀이터에 잠시 갈까?"

시후가 먼저 앞장섰어요.

참새가 무지개 벤치 위에서 통통 튀다가 포르르 날아갔어요. 시후는 성진이랑 나란히 앉았어요. 너무 어색했어요.

시후는 어깨를 으쓱거리다가 앞뒤로 몸을 흔들다가, 고개를 숙였어요. 성진이도 마찬가지였어요.

"왜 중고 엄마를 사가려고 한 거야?"

"넌 왜 엄마를 팔려고 한 건데?"

성진이가 시후를 쳐다봤어요.

"너도 알잖아. 중고, 중고. 우리 집에는 온통 중고투성이야.

중고에 지쳤어."

시후가 절레절레 고개를 내저었어요.

"그래도 너네 엄만 간식도 만들어 주고, 집에 있다가 너를 맞아준다며? 잘 웃고, 집안일도 잘 하고. 공부하라고 윽박지르지도 않고."

성진이가 엄마의 좋은 점을 줄줄이 늘어놓았어요.

"대신 중고만 사다주잖아. 학교가면 놀림만 받게 하고. 친구도 없고."

성진이가 머쓱한 표정을 지었어요.

"너네 엄만 신상만 사준다며? 외국 출장 나간 아빠도 수입 장난감 보내준다고 자랑했잖아."

"그래, 맞아."

"그런데 중고 엄마가 왜 필요해?"

시후는 정말 궁금했어요.

"우리 엄만 너무 바빠. 여행가고, 모임하고, 취미활동 다니느라 얼굴 볼 틈이 없어. 집안일은 일 해주는 이모한테 다 맡겨."

"집안일 해주는 이모도 있어? 좋겠다!"

시후는 성진이가 괜히 엄살 피운다는 생각이 들었어요.

"바쁜 엄마가 중고마켓에는 왜 로그인하는 거야? 집에는 신상뿐이라면서."

"마음에 들지 않는 신상들을 팔려고 그런 거지. 사놓고 뜯지 않은 내 학용품이랑 엄마 물건이 엄청 많아."

시후는 새 학용품 포장 한번 뜯어보는 게 소원이라는 말을 하려다가 말았어요.

"학교 끝나고 학원을 세 군데나 가야해. 집에 들어오면 이모가 차려놓은 밥을 혼자서 먹어. 엄마는 내가 잠든 뒤에 들어와

서 아침에는 자고 있어. 잠든 엄마 얼굴 밖에 기억 안 나."

성진이가 손을 들어 마른세수를 했어요. 깊은 한숨이 새어나왔어요.

"맛있는 밥을 해주고, 간식 챙겨주고, 어서 오라며 반겨주는 엄마가 필요해. 그런 엄마랑 살고 싶어. 이모가 필요한 게 아니라고!"

"중고 엄마는 중고만 사줄 텐데?"

"신상도 지긋지긋하긴 마찬가지야. 신상이 엄마는 아니잖아."

중고 엄마를 사고 싶은 성진이 마음은 진심인 것 같았어요.

"중고인데도 네가 가진 학용품들은 다 좋아보였어. 심술 부려서 미안해."

성진이가 불쑥 손을 내밀었어요. 그동안 당한 게 얼만데 이렇게 화해하기에는 좀 억울하다는 생각이 들었어요.

하지만 시후는 성진이 손을 맞잡았어요.

"아무리 중고라지만 엄마가 왜 1,000원이야?"

"으응. 무료라고 하면 엄마가 서운할 것 같기도 하고. 내가 싫어서 파는데 비싸면 안 되니까."

"너네 엄마 정말 사가도 돼?"

"사가도 돼. 아, 아니 잠깐만……."

시후는 자신 있게 대답할 수가 없었어요. 성진이가 탐내는 엄마라면 정말 좋은 엄마라는 생각이 들었기 때문이에요. 성진이는 부족한 게 없는 아이니까요.

"흠, 아, 아무래도 안 될 것 같아."

시후는 다른 곳으로 고개를 돌려버렸어요.

"언니, 축하해. 그동안 고생 많았어!"

이모가 초록 잎 화분을 계산대 옆에 놓았어요. 화분에는 '개업을 축하합니다. 대박 나세요.'라는 글이 적혀 있었어요.

"그동안 허리띠 졸라매고 악착같이 아껴대더니만."

외할머니가 눈시울을 붉혔어요.

오늘은 얼마 전 엄마가 말한 '좋은 일'이 있는 날이에요. 카페 '스토리 아이'를 시작하는 날이지요.

"언니, 인테리어 센스는 알아줘야해. 어쩜 카페가 이렇게 예쁜 거야!"

이모는 카페 구석구석을 돌아다니며 벌어진 입을 다물지 못했
어요.

"전부 중고품들이야."

"뭐? 이게 다 중고 가구라고?"

이모의 입이 더 크게 벌어졌어요.

"그거 사 모으느라 바빴어. 시간 날 때마다 쫓아다녔거든."

"너무 멋진데! 빈티지 느낌이라 더 좋은 것 같아!"

이모는 연신 감탄을 하다가 "나도 중고마켓앱 깔아야겠어." 하며 휴대폰을 꺼냈어요.

카페 곳곳에 엄마가 사놓은 중고 가구들이 자리 잡고 있었어요. 재봉틀 탁자에 올려놓은 작은 조명등이 앙증맞았어요.

시후는 흐뭇했어요. 시후가 봐도 외국 잡지에 나오는 카페처럼 멋있어 보였어요.

'엄마는 다 계획이 있었구나!'

새삼 엄마가 대단해 보였어요. 한편으로는 미안하기도 했고요.

"뭘 준비하느라 그렇게 바빠?"

이모가 주방에서 바쁘게 움직이는 엄마를 쳐다봤어요.

"좀 있다 손님이 오기로 했어."

"누가 오는데 그래요?"

시후가 물었지만 엄마는 눈만 찡긋할 뿐 대답하지 않았어요.

맛있는 냄새가 카페에 가득 찰 무렵, 밖에서 왁자한 소리가 났어요. 엄마가 얼른 카페 문을 열어주었어요.

"얘들아, 어서 와라!"

"안녕하세요?"

"축하드립니다!"

반 친구들이 카페로 들어섰어요. 시후는 할 말을 잊은 채 바라보고만 있었어요.

"뭐하니? 시후는 인사 안 해?"

엄마가 시후 어깨를 끌어 당겼어요.

"아, 안녕⋯⋯."

미루가 손을 흔들었어요. 하나로 묶은 머리가 살랑 흔들렸어요.

"자, 다들 이쪽으로 앉아요."

이모가 친구들을 넓은 탁자로 안내했어요.

"아주머니, 감사합니다. 알려준 매장에 가서 같은 걸로 교환했어요. 그 분홍가방 정말 마음에 들어요. 너무 예뻐요."

미루가 엄마에게 꾸벅 고개를 숙였어요.

"사장님이 미안해하더라. 가끔 불량이 나오나봐."

미루 생일선물 이야기를 하는 것 같았어요. 그 분홍가방이 중고품은 아닌 모양이었어요.

'괜히 엄마를 오해했었구나.'

그때, 가게를 두리번거리던 찬우가 물었어요.

"여긴 커피 파는 가게 아닌가요?"

"커피만 있는 게 아니라 맛있는 음료도 많단다. 언제든 오렴."

"정말 와도 돼요?"

"그럼. 여기서 공부도 하고, 음료도 마시고."

엄마가 준비한 음식을 내려놓으며 말했어요.

'하, 우리 엄마 정말 예쁘다!'

시후는 친구들과 대화를 나누는 엄마가 정말 예뻐 보였어요.

'엄마를 팔았으면 어쩔 뻔 했어.'

시후는 성진이쪽으로 고개를 돌렸어요.

그날 이후, 학교에서 만난 성진이는 풀이 죽어 있었어요. 예전처럼 잘난 척도 하지 않고, 신상 자랑도 하지 않았어요. 무엇보다 친구들을 끌고 다니며 시후를 괴롭히지 않았어요.

"성진아, 피자 많이 먹어. 아줌마가 만든 거야."

엄마가 성진이 접시에 피자 한 조각을 더 올려 주었어요.

"우리 시후가 중고 학용품만 가지고 다녀서 이상했지?"

학교에서 시후를 놀리던 친구들이 움찔하며 서로 눈을 맞추었어요.

"새 것만 좋은 거라고 생각하지 않았어, 아줌마는. 사용할 수 있는 물건을 버리는 건 흠, 뭐랄까……."

엄마는 잠시 숨을 고르더니 다시 말을 이었어요.

"사람에 비유하자면 내가 좋아하는 일을 억지로 그만두게 하는 게 아닐까 싶었어. 물건은 그 쓰임이 다할 때까지 사용해 주어야 한다고 생각했거든."

친구들이 고개를 끄덕였어요.

"우리 엄마도 중고마켓 해요. 1학년 때 시후가 쓰던 필통, 내다버린 줄 알았는데 중고마켓에 올렸다고 하더라고요.

"시후야, 미안했어!"

지석이가 손을 들었다 내렸어요. 미안한 표정을 지으면서요.

"으, 으응. 그래."

시후도 얼떨결에 사과를 받아들였어요.

"시후가 자기만 중고 학용품 쓴다고 엄청 짜증내더라. 하마터면 나도 중고마켓에서 팔릴 뻔 했다니까, 중고 엄마라고."

엄마가 시후를 보며 살짝 눈을 흘겼어요. 시후와 성진이는 화들짝 놀라 동시에 서로를 마주 보았어요.

"에이, 그런 게 어딨어요. 중고 엄마를 판다는 게 말이 돼요?"

피자를 쩝쩝거리던 지석이가 말했어요.

"그러게."

엄마 입가에 알 수 없는 미소가 떠올랐어요.

'설마……'

시후는 머리를 긁적였어요.

성진이가 슬쩍 자리를 떴어요. 화장실을 찾는 눈치였어요.

"아줌마가 안내해 줄게."

엄마가 성진이를 뒤따라 일어섰어요.

"성진아, 엄마 밥이 먹고 싶으면 언제든지 와. 우리 성진이한테만 특별히 엄마 밥상 차려줄게."

시후는 성진이 어깨에 팔을 두른 엄마가 소곤거리는 소리를 들었어요. 시후는 씩 웃었어요.

왠지 기분이 좋았어요.

화장실에서 돌아온 성진이가 시후에게 손짓을 했어요.

"너네 엄마가 중고마켓에 올린 글 봤나봐."

"내가 다 지웠는데?"

"대화창만 지웠겠지. 저장된 글 전체를 지웠어야지. 나는 다 지웠단 말이야."

성진이는 엄마가 대화창을 되살려서 전부 확인한 것 같다고 말했어요. 시후는 가슴이 뜨끔했어요. 어쩌면 엄마는 창문 너머로 놀이터 벤치에 앉아 있던 성진이와 나를 봤는지도 몰라요.

곁눈질로 보니 엄마는 아무것도 모른다는 표정이었어요.

'모르는 척해줘서 고마워요.'

시후는 한결 마음이 가벼워졌어요.

"시후야!"

등 뒤에서 누군가의 숨결이 느껴졌어요. 시후는 고개를 돌리지

않아도 미루라는 걸 단박에 알아챘어요.

"너, 대답 안 해줄거야?"

미루가 귓속말을 했어요. 시후는 가슴이 콩닥콩닥 뛰었어요.

"생일날, 교문 앞에서 내가 한 말에 대답 안 해줬잖아."

미루가 다시 속삭였어요.

시후는 부러 딴청을 피웠어요.

미루가 시후 팔을 잡아당겼어요.

시후는 침을 꼴깍 삼킨 다음 손나발을 만들어 미루 귀에 갖다 댔어요.

"그래, 좋아. 남자 친구할게."

미루가 온 얼굴로 웃었어요.

성진이는 입술을 꼭 깨문 채로 그 모습을 지켜보고 있었어요.

시후는 괜히 미안한 생각이 들었어요.

잠시 후, 성진이가 시후를 향해 엄지를 내밀었어요.

'네가 이겼다!'

그 순간, 시후 얼굴에도 웃음꽃이 활짝 피어났어요.

## 작가의 말

　1년 전부터 중고 물건을 파는 중고앱에 빠졌어요.

　휴대폰으로 앱을 다운받아 밤이나 낮이나 중고앱을 들여다봤지요. 쓸 만한 물건들이 너무 많아 무엇을 살까 행복한 고민에 빠졌던 적이 한두 번이 아니었어요.

　마음을 정한 물건이 있을 땐, 물건 주인과 톡을 해요. 폰 화면에서 본 물건을 생각하며 약속장소로 나갈 때는 마음이 설레기까지 했지요. 간혹 기대에 못 미치는 물건이 있기도 했지만 10번 중 8번은 거래가 성공적이었어요.

　지금 우리 집에는 예쁜 찻잔, 키다리 시계, 옛날에 쌀을 담아 보관했던 뒤주며 꽃그림이 그려진 화병들이 집안을 환히 밝혀 주고 있어요.

　중고 물건은 원래 가격의 반값, 아니 반의 반값, 어떨 땐 반의, 반의, 반값만 줘도 살 수 있어요.

가만히 생각해보면 그동안 쓸 만한 물건들을 참 많이도 버린 것 같아요. 조금 낡았다고, 이젠 지겨워졌다고 그냥 버렸던 물건들이 다른 사람에게는 꼭 필요한 물건이 될 수도 있었을 텐데 말이에요.

중고앱에는 파는 물건만 올라오는 게 아니라 기부하는 물건들도 많아요. 금전적으로 어려움을 겪는 사람들에게는 아주 좋은 기회가 되기도 하지요.

그래도 새 물건을 갖고 싶다고요?

맞아요, 헌 것보단 새 것이 좋지요.

하지만 오늘 산 새 물건도 내 손에 들어오는 순간부터 중고가 된다는 걸 알아야 해요.

새 물건이든, 중고 물건이든, 내 손에 들어온 물건을 아끼고 소중하게 생각하는 마음만은 잊지 말기로 해요. 이젠 교실바닥에 주인 잃고 나뒹구는 학용품이 없었으면 좋겠어요.


2020년 10월

중고 물건을 좋아하는 중고 선생님이

## 중고 엄마, 제발 좀 사가세요!

초판 1쇄 발행 2020년 10월 1일
    4쇄 발행 2022년 11월 15일
지은이 : 한세경
그린이 : 이연정
펴낸이 : 한세경
펴낸곳 : 스토리-i
출판등록 : 2020.3.30. (제2020-000003호)
주    소 : 부산광역시 연제구 연안로7-2, 즐거운가 3층
전    화 : 051-506-0883
팩    스 : 0504-388-1899
블로그 https://blog.naver.com/story-i
이메일 story-i@naver.com

편집/디자인 해윤커뮤니케이션(www.hycomm.co.kr)
출력/인쇄/제본 성광인쇄
Copyrightⓒ 한세경, 스토리-i

ISBN 979-11-971297-1-1